Introductie 2

1 Soepen en voorgerechten 5

2 Verse salades 15

3 Hoofdgerechten 27

Maten en oventemperaturen 46

Index 47

inhoud

inhoud

introductie

Vegetarisch eten is tegenwoordig een gezond alternatief. Maaltijden zonder vlees, vis of gevogelte zijn aantrekkelijk, smaakvol en bevredigend, en zijn ook nog eens goed voor u. Dit boek biedt u heerlijke recepten die u kunt combineren of waar u als afzonderlijk gerecht van kunt genieten. U vindt er gemakkelijk-te-maken gerechten in die zijn beïnvloed door keukens van over de hele wereld en die de heerlijke structuur en smaak hebben van verse rauwe en gekookte groenten.

Van een oosterse soep tot zalige desserts, alle recepten staan garant voor natuurlijk, gezond voedsel dat aan ieders smaak voldoet. Er zijn bovendien recepten voor alle gelegenheden, van een snelle snack tot een driegangenmaaltijd.

Goed voor u

Instanties op het gebied van voeding raden ons aan 200 gram groenten per dag te eten, waarvan bij voorkeur een deel rauw. Het is daarbij goed te weten dat de helder gekleurde groenten meestal de beste bron van vitaminen zijn. De meeste vitaminen bevinden zich vlak onder de schil, zodat u groenten het best met schil en al kunt eten.

Om het maximum te halen uit uw verse groenten, hebben we stap-voor-stapbeschrijvingen en kooktips opgenomen.

Wanneer u groenten snel en gemakkelijk wilt kunnen klaarmaken, hebt u enkele goede basis-keukengereedschappen nodig. Het loont wanneer u wat tijd en geld besteed aan een paar goede hulpstukken, zoals een grote snijplank, een klein scherp groentemesje, verschillende grotere scherpe messen waarmee u kunt snijden en hakken, een rasp, een groenteschiller en een vergiet of grote zeef. Vergeet niet uw messen scherp te houden: leer ze ofwel zelf te slijpen of laat dit geregeld doen. Scherpe messen nemen u veel werk uit handen.

Was groenten voordat u ze gaat bereiden, maar laat ze niet in water staan. Wanneer groenten onder water staan, worden de waardevolle wateroplosbare vitaminen aan de groenten onttrokken waardoor u minder bouwstoffen binnenkrijgt. Zoals elke regel kent ook deze regel uitzonderingen en soms kan het nodig zijn heel vuile groenten onder water te zetten om stof en ongedierte te verwijderen. Beperk de tijd dat de groenten in water staan in dergelijke gevallen wel altijd tot een minimum.

- Groenten die in hun geheel en met schil worden genuttigd hebben meer voedingswaarden en zijn vezelrijker dan groenten die zijn fijn gesneden en geschild. Veel van de waardevolle vitaminen en mineralen in groenten bevinden zich vlak onder de schil. Schil groenten alleen als dat echt nodig is.
- Maak groenten voor maximale voedingswaarde vlak voor de bereiding schoon en serveer ze direct na het koken of bakken.
- Hoe kleiner de stukjes groente, hoe korter de kooktijd. Zo is geraspte wortel sneller gaar dan plakjes wortel.

soepen
& voorgerechten

spinazie
soep met zoete

Voor *4 personen* **Bereidingstijd** *10 min* **Kooktijd** *25 min*
Calorieën *289* **Vet** *18 g*

aardappel en kokos

30 g boter
450 g zoete aardappels,
in blokjes van 1 cm
1 ui, gehakt
2 tenen knoflook, uitgeknepen
1 tl geraspte verse gemberwortel
1 el milde currypasta
600 ml groentebouillon
200 ml kokosmelk
sap van 1 limoen
1/4 tl verkruimelde chillies
175 g spinazie, in reepjes
zout en verse peper

1 Smelt de boter in een pan en bak de zoete aardappel, de ui, knoflook, gember en currypasta in ca. 5 minuten lichtbruin.

2 Voeg de bouillon, de kokosmelk, limoensap en chillies toe. Breng aan de kook, dek de pan af en laat ca. 15 minuten zachtjes koken, tot de aardappel gaar is.

3 Laat de soep iets afkoelen en pureer dan de helft met een staafmixer. Doe de puree weer in de pan, voeg de spinazie toe en laat 1-2 minuten koken, tot de spinazie net is geslonken en de soep heet is. Breng op smaak met zout en peper.

Opmerking: Zoete aardappel heeft een iets nootachtige smaak en zorgt ervoor dat deze soep heel romig wordt. Serveer met naanbrood voor een heerlijke lichte maaltijd.

bruschetta met trostomaat en geitenkaas

- 450 g kleine trostomaten aan de stengel
- 2 el olijfolie extra vierge
- 1 teen knoflook, uitgeknepen
- 4 takjes verse tijm
- 4 dikke sneden ciabatta, in schuine helften
- 4 el tapenade
- 100 g zachte geitenkaas, in stukjes
- verse basilicumblaadjes om te garneren

1 Verwarm de oven voor tot 225°C (stand 5-6). Doe de tomaten, nog aan de stengel, in een braadblik en besprenkel met de olie. Verdeel er de knoflook en de takjes tijm over. Bak 15 minuten of tot de tomaten zacht zijn. Verdeel de tomaten in 4 porties van ongeveer dezelfde grootte, waarbij u ze aan een stukje van de stengel bevestigd laat.

2 Verhit intussen de grill voor op de hoogste stand. Rooster het brood aan beide zijden goudbruin. Bestrijk elke snee met 1 el tapenade, leg er enkele stukjes geitenkaas op en daarop de tomaten aan de stengel. Besprenkel met het vocht uit het braadblik en bestrooi met de basilicumblaadjes.

Voor *4 personen* **Bereidingstijd** *10 min* **Kooktijd** *15 min* **Calorieën** *278* **Vet** *23 g*

erwten
muntsoep

- 50 g boter
- 2 plakjes bacon zonder zwoerd, gehakt
- bosje lente-uitjes, gehakt
- 450 g verse erwten zonder peul, of diepvrieserwten
- 1 krop krulsla, in reepjes
- zout en zwarte peper
- 2 el vers gehakte munt
- 150 ml slagroom
- snufje extra fijne suiker (optioneel)
- vers citroensap (optioneel)
- slagroom om te serveren en gesnipperd vers bieslook om te garneren

1 Smelt de boter in een grote pan met dikke bodem, voeg de bacon toe en bak 2-3 minuten. Voeg dan de lente-uitjes toe. Dek de pan af en bak 5 minuten op laag vuur, waarbij u een of twee keer roert, tot de ui iets zacht maar niet bruin is.

2 Voeg de erwtjes en de sla en 900 ml water toe. Voeg flink zout en peper toe, breng aan de kook en laat 10 minuten zachtjes koken of tot de groenten gaar zijn. Voeg de munt en de slagroom toe en pureer in de foodprocessor of met een staafmixer tot een glad geheel.

3 Doe de soep terug in de pan. Voeg zo nodig nog wat zout en peper toe, en voeg dan eventueel de suiker en het citroensap toe. Warm op laag vuur op maar laat de soep niet koken. Verdeel over kommen, doe er wat slagroom in en bestrooi met het bieslook.

Voor *4 personen* **Bereidingstijd** *15 min* **Kooktijd** *25 min* **Calorieën** *335* **Vet** *25 g*

paprika terrine met

1 Verwarm de oven voor op 200°C (stand 4-5). Vet een groot vel bakpapier in met boter en bekleed hiermee een broodvorm met een inhoud van 5 dl, waarbij u voldoende papier overlaat om de bovenkant te bedekken. Snijd een halve rode en een halve gele paprika in kleine blokjes en zet terzijde. Snijd de rest in grove stukk.en

2 Verhit de olie in een pan met dikke bodem, voeg de grove stukken paprika en de chilipeper toe, en bak met een deksel op de pan 20 minuten of tot de paprika zacht is. Pureer in een foodprocessor of met een staafmixer, en druk door een zeef. Meng de ricotta, de oude kaas, mosterd, zout en eieren, en roer hier zowel de puree als de blokjes paprika door. Doe over in het broodblik en vouw het bakpapier over de terrine zonder dat het papier met de terrine in aanraking komt. Zet in een braadblik.

3 Voeg zoveel kokend water toe dat het tot halverwege het broodblik komt, en bak 75 minuten. Voeg zo nodig meer water toe. Laat 2 uur afkoelen en zet dan 1 uur in de koelkast. Keer om op een bord en verwijder voorzichtig het papier. Meng voor de vinaigrette de ingrediënten goed door elkaar. Serveer de terrine in plakjes en geef er de vinaigrette bij.

- boter om in te vetten
- 2 rode en 2 gele paprika's, gehalveerd en zonder zaad
- 3 el olijfolie
- 1 rode chilipeper, zonder zaad en in dunne plakjes
- 250 g ricotta
- 125 g oude kaas, geraspt
- 1 el Dijonmosterd
- 1 tl zout
- 3 middelgrote eieren, geklopt

Voor de vinaigrette

- 2 el witte-wijnazijn
- 2 el olijfolie extra vierge
- 4 el zonnebloemolie
- 2 lente-uitjes, in dunne ringen
- 3 el fijn gehakt vers basilicum
- zout en zwarte peper

Voor *6 personen* **Bereidingstijd** *25 min. plus 3 uur (af)koeltijd*
Baktijd *1 uur en 35 min* **Calorieën** *1439* **Vet** *40 g*

basilicumvinaigrette

Voor *4 personen* **Bereidingstijd** *20 min plus 70 min (af)koeltijd* **Kooktijd** *8 min* **Calorieën** *266* **Vet** *23 g*

- plantaardige olie om in te vetten
- 1 el vers geraspte Parmezaanse kaas
- 75 g waterkers, fijn gehakt, zonder dikke stelen
- 4 middelgrote eieren, geklopt
- zout en zwarte peper

Voor de vulling

- 200 g zachte roomkaas, op kamertemperatuur
- 3 el volle melk
- 75 g waterkers, fijn gehakt en zonder dikke stelen, met enkele hele takjes voor de garnering
- 5 lente-uitjes, fijn gehakt

waterkers
roulade met Parmezaanse kaas

1 Verwarm de oven voor tot 200°C (stand 4-5), Vet een vorm van 23 x 30 cm in met de olie, bekleed met bakpapier en bestrooi met ½ el Parmezaanse kaas.

2 Meng de waterkers en de eieren door elkaar, voeg zout en peper toe en doe over in het blik. Bak 7-8 minuten, tot de eieren zijn gestold. Neem uit de oven en laat 5 minuten afkoelen. Bestrooi met de resterende Parmezaanse kaas. Leg er een vel bakpapier op en laat in ca. 30 minuten volledig afkoelen.

3 Maak de vulling door de roomkaas, de melk, waterkers, uitjes en zout en peper naar smaak te mengen. Keer de afgekoelde roulade om op een snijplank. Verwijder voorzichtig het bovenste vel bakpapier en verdeel de vulling over de bodemlaag. Rol vanaf de korte kant op, waarbij u tegelijk het bakpapier verwijdert. Zet 30 minuten in de koelkast. Serveer in plakjes, gegarneerd met waterkers.

chili taartjes met rode ui

- 8 plakjes bladerdeeg, ontdooid
- 1 el olijfolie
- 200 g rode uien, in de lengte gehalveerd en in dunne ringen
- 1 kleine rode chilipeper, zonder zaad en in dunne ringen
- zout en zwarte peper
- 2 el rode pesto
- 30 g pijnpitten

1 Verwarm de oven voor tot 225°C (stand 5-6). Snijd uit elk van de plakjes bladerdeeg een cirkel van ca. 10 cm. Kerf met een scherp mesje een rand van 1 cm in elke rondje. Leg de rondjes op een bakplaat.

2 Verhit de olie in een grote koekenpan. Bak de uien in ca. 10 minuten onder voortdurend roeren zacht. Voeg de chilipeper toe en bak 1 minuut op laag vuur. Voeg dan zout en peper naar smaak toe.

3 Bestrijk de rondjes met de pesto, waarbij u de randen leeg laat. Schep het uimengsel op de pesto en strooi er de pijnpitten over. Bak 12-15 minuten, tot het deeg goudbruin en gerezen is.

Voor *4 personen* ***Bereidingstijd*** *15 min* ***Kooktijd*** *25 min*
Calorieën *477* ***Vet*** *33 g*

groente bhaji's

10 sjalotjes, fijn gehakt
2 courgettes, grof geraspt
1 aubergine, in kleine blokjes
plantaardige olie om te frituren

Voor het beslag

100 g kikkererwtenmeel
50 g rijstemeel
$^1/_4$ tl baksoda
1 tl chilipoeder
1 tl kurkuma (geelwortel)
1-2 el currypoeder (naar wens mild of heet)
1 tl zout

1 Doe voor het beslag alle ingrediënten in een kom, en voeg in scheutjes 225 ml water toe, waarbij u voortdurend roert om het geheel te mengen. Voeg de sjalotjes, de courgette en de aubergine aan het beslag toe, en meng goed door elkaar.

2 Doe een laagje olie van 5 cm in een wok en verwarm bij middelhoog tot hoog vuur. Controleer of de olie heet genoeg is door een klein stukje groente erin te gooien; dit moet gaan bruisen. Doe voorzichtig 4 balletjes (ca. 2 el per balletje) van het mengsel in de hete olie en frituur 2-3 minuten, tot ze goudbruin zijn. Draai om en frituur de balletjes in nog eens 2-3 minuten knapperig.

3 Neem de bhaji's met een schuimspaan uit de olie en laat uitlekken op keukenpapier. Frituur de resterende bhaji's op dezelfde manier.

Voor *4 personen*
Bereidingstijd *25 min*
Baktijd *30 min*
Calorieën *52*
Vet *20 g*

2

verse salades

salade
met avocado en pinda's

1 krop krulsla, in losse blaadjes
1 struikje witlof, in losse blaadjes
2 kleine rijpe avocado's, ontpit, geschild en in stukjes
3 lente-uitjes, gehakt
3 el gezouten pinda's

Voor de dressing

1 el citroensap
1 teen knoflook, uitgeknepen
3 el olijfolie
2 el zachte pindakaas
zout en zwarte peper

1 Doe voor de dressing het citroensap, de knoflook, olie en pindakaas in een kom, meng goed door elkaar en breng op smaak met zout en peper.

2 Schik de sla- en de witlofblaadjes en de avocado in een grote lage schaal. Schenk er de dressing over en bestrooi met lente-uitjes en pinda's..

Opmerking: Nootachtige smaken en structuren gaan in deze salade goed samen met de avocado en het bittere witlof. Serveer als voorgerecht met gekoelde chardonnay.

Voor *4 personen* **Bereidingstijd** *15 min* **Kooktijd** *0* **Calorieën** *332* **Vet** *32 g*

siciliaanse
bloemkoolsalade

1 kleine bloemkool
30 g rozijnen
20 g geroosterd amandelschaafsel
2 el vers gehakte platbladige peterselie

Voor de dressing

geraspte schil en sap van 1 kleine citroen
½ tl kaneelpoeder
snufje cayennepeper
5 el olijfolie extra vierge
2 tl balsamicoazijn
1 tl extra fijne suiker
zout en zwarte peper

Voor *4 personen* **Bereidingstijd** *15 min plus 1 uur afkoeltijd en 10 min weektijd* **Baktijd** *3mins* **Calorieën** *211* **Vet** *18 g*

1 Verdeel de bloemkool in roosjes en snijd de steel in hapklare stukjes. Kook 2-3 minuten in licht gezouten water beetgaar. Giet goed af.

2 Doe voor de dressing het citroensap, het kaneelpoeder, cayennepeper, olie, azijn, suiker en zout en peper in een pot met schroefdeksel en schud goed door elkaar; of doe deze ingrediënten in een kom en meng met een vork door elkaar. Schenk de dressing over de bloemkool en schep door elkaar. Laat 1 uur afkoelen.

3 Giet intussen zoveel kokend water over de rozijnen dat ze onderstaan, en laat 10 minuten wellen. Giet af en hak grof. Strooi over de bloemkool met het amandelschaafsel, de citroenrasp en de peterselie en schep voorzichtig door elkaar.

rijst

salade met drie

1 Kook de rijst volgens de aanwijzingen op de verpakking gaar. Kook intussen de tuinbonen 4-5 minuten in een pan gaar. Laat schrikken in koud water en giet af. Spoel de rijst af onder koud water, giet af en doe in een slakom.

2 Doe voor de dressing het tomatensap, de olijfolie, knoflook, koriander en zwarte peper in een kleine kom en klop goed door elkaar.

3 Giet de dressing over de rijst en meng goed door elkaar. Voeg de tuinbonen, de zwarteogenbonen, de rode nierbonen, de paprika en de lente-uitjes toe en meng goed door elkaar. Dek de kom af en zet tot het serveren in de koelkast. Garneer met verse koriander.

Opmerking: Het is de tomatendressing die deze salade van zilvervliesrijst en bonen zo lekker maakt. Wilt u de salade warm serveren, dompel de rijst dan in kokend water voordat u de dressing toevoegt.

- 225 g zilvervliesrijst
- 175 g diepvries-tuinbonen
- 400 g gare zwarteogenbonen
- ½ blikje (á 400 g) rode nierbonen, afgegoten en afgespoeld
- 1 rode paprika, zonder zaad en in stukjes
- 1 bosje lente-uitjes, gehakt
- verse koriander om te garneren

Voor de dressing

- 150 ml tomatensap
- 1 el olijfolie
- 1 el witte-wijnazijn
- 2 tl Dijonmosterd
- 1 teen knoflook, uitgeknepen
- 2 el vers gehakte koriander
- zwarte peper

Voor *4 personen* **Bereidingstijd** *15 min*
Kooktijd *40 min* **Calorieën** *380mg* **Vet** *6 g*

soorten bonen

courgette
rondjes met rode-paprikapuree

3 courgettes, geraspt

zout

4 el vers gesnipperd bieslook, plus extra takjes om te garneren

2 el vers gehakte koriander, plus extra blaadjes om te garneren

1/4 tl geraspte nootmuskaat

1 lente-uitje, fijn gehakt, om te garneren

Voor de puree

3 el olijfolie

3 rode paprika's, zonder zaadjes en in stukjes

zout en zwarte peper

1 Bestrooi de courgette met zout, doe in een vergiet en laat 30 minuten staan om een teveel aan vocht te onttrekken. Spoel de courgette onder koud stromend water af, knijp uit en meng met het bieslook, de koriander en de nootmuskaat. Druk het mengsel in 4 kleine soufflévormpjes - deze zullen ongeveer voor de helft gevuld worden. Zet 1 uur of een nacht in de koelkast.

2 Doe voor de puree de olie in een pan, voeg daar de paprika aan toe en breng op smaak met zout en peper. Bak met een deksel op de pan 15 minuten bij laag vuur. Laat enkele minuten afkoelen en meng in een foodprocessor of met een staafmixer tot een zachte puree. Druk de puree door een zeef om de velletjes te verwijderen.

3 Keer elk vormpje voor het serveren om op een bord, waarbij u één keer flink schudt om de courgetterondjes los te maken, en schep er de saus omheen. Garneer met bieslook, lente-uitje en koriander.

Voor *4 personen* ***Bereidingstijd*** *15 min plus 30 min rusttijd en 1 uur koeltijd*
Kooktijd *15 min* ***Calorieën*** *168* ***Vet*** *12 g*

gemengde
salade met bieten en peer

50 g walnoten, grof gehakt
200 g gemengde sla, waaronder radicchio en frisée
225 g gekookte bietjes, in plakjes
2 peren, in vieren, zonder klokhuis, in plakjes
40 g Parmezaanse kaas
vers bieslook om te garneren

Voor de dressing

2 el vers gehakte kruiden, waaronder basilicum, bieslook, munt en peterselie
4 el walnotenolie
2 el olijfolie extra vierge
1 teen knoflook, uitgeknepen
2 tl rode-wijnazijn
1 tl heldere honing
zout en zwarte peper

1 Verwarm de oven voor op de hoogste stand. Meng voor de dressing de kruiden, walnotenolie, olijfolie, knoflook, azijn en honing in een foodprocessor of met een staafmixer tot een glad geheel. Breng op smaak met zout en peper.

2 Leg de walnoten op een bakplaat en gril ze in 2-3 minuten goudbruin, waarbij u ze regelmatig draait. Schik de sla en de plakjes biet en peer op serveerbordjes. Strooi er de walnoten over en schaaf er met een groenteschiller dunne krullen Parmezaanse kaas over. Schep de dressing over de salade en garneer met hele sprietjes bieslook.

oor *4 personen* **Bereidingstijd** *15 min* **Baktijd** *5 min* **Calorieën** *354* **Vet** *32 g*

tomaten broodsalade

1 Verwarm de grill voor op de hoogste stand. Schep de broodblokjes door de olie zodat ze hier aan alle kanten mee worden bedekt en spreid ze gelijkmatig uit op een bakplaat. Gril in 1-2 minuten goudbruin, waarbij u het brood geregeld draait, en laat dan 10 minuten afkoelen.

2 Maak intussen de dressing. Verhit de olie in een kleine pan en fruit de chilipeper onder voortdurend omscheppen in ca. 1 minuut zacht maar niet bruin. Neem de pan van het vuur en laat iets afkoelen. Voeg dan de pesto en de azijn toe. Klop met een vork door elkaar en voeg zout en peper naar smaak toe.

3 Meng de geroosterde broodblokjes met de tomaten, de ui en de feta. Strooi het basilicum over de salade. Giet er de dressing over en schep voorzichtig door elkaar.

Opmerking: Deze tomatensalade krijgt extra pit door de verse chilipeper in de dressing en is lekker knapperig door de croutons. Lekker met een glas chianti.

Voor *4 personen*
Bereidingstijd *15 min plus 10 min afkoeltijd*
Baktijd *3 min*

Calorieën *387*

Vet *25 g*

1 stokbrood, in blokjes
2 el olijfolie
3 grote tomaten, in stukjes van 2½ cm
1 kleine rode ui, in dunne ringen
100 g feta, verkruimeld
handje verse basilicumblaadjes, in stukken gescheurd

Voor de dressing

3 el olijfolie
1 rode chilipeper, zonder zaad en fijn gehakt
2 el rode pesto
2 el rode-wijnazijn
zout en zwarte peper

met pestodressing

warme spinaziesalade

met walnoten

- 2 el walnotenolie
- 5 zongedroogde tomaatjes op olie, afgegoten en in stukjes
- 225 g gladbladige spinazie
- 1 rode ui, in dunne ringen
- 2 el gehakte walnoot
- zout
- 3 el gehakte verse koriander, om te garneren

1 Verhit de olie in een wok of grote koekenpan met dikke bodem. Voeg de zongedroogde tomaatjes, de spinazie, de ui, gehakte walnoot en zout naar smaak toe. Bak 1 minuut of tot de spinazie begint te slinken, waarbij u de ingrediënten goed door elkaar mengt.

2 Doe de groenten over in een grote slakom en bestrooi ter garnering met de koriander. Direct serveren.

Opmerking: Warme salades hebben iets heel verleidelijks - op de een of andere manier lijkt het of er meer smaak aan zit. In deze snelle salade zorgen walnoten, spinazie en zongedroogde tomaatjes voor een verrassend resultaat.

Voor *4 personen* **Bereidingstijd** *5 min* **Baktijd** *2 min*
Calorieën *166* **Vet** *15 g*

zomer tabouleh

- 175 g bulgur
- 2 middelgrote eieren
- 1 rode ui, fijn gehakt
- 2 tenen knoflook, fijn gehakt
- 1 rode en 1 gele paprika, zonder zaad en fijn gehakt
- 1 el vers gehakte peterselie
- 1 el vers gehakt bieslook
- 1 el vers gehakte koriander
- 3 el vers gehakte munt
- geraspte schil en sap van 1 citroen
- geraspte schil en sap van 1 limoen
- 3 el olijfolie
- zout en zwarte peper

1 Bereid de bulgur volgens de aanwijzingen op de verpakking. Breng intussen een pan water aan de kook. Kook hierin de eieren 10 minuten. Laat de eieren schrikken in koud water, pel ze en prak ze fijn.

2 Voeg de ui, knoflook, paprika, peterselie, bieslook, koriander, munt, citroen- en limoenrasp en -sap en de olie aan de bulgur toe en meng goed door elkaar. Breng voor het serveren op smaak met zout en peper.

Opmerking: Dit Midden-Oosterse gerecht smaakt bijna overal goed bij, maar is vooral geschikt als onderdeel van een buffet of barbecue. Met een grote salade erbij kunt u het ook als hoofdgerecht serveren.

Voor *4 personen* **Bereidingstijd** *25 min* **Kooktijd** *10 min* **Calorieën** *220* **Vet** *15*

3

hoofd gerechten

ovenschotel
van aubergine

1 Doe de plakken aubergine in lagen in een vergiet en bestrooi elke laag met zout. Laat 30 minuten staan. Spoel dan af en dep droog met keukenpapier.

2 Verwarm de oven voor tot 200°C (stand 4-5). Verhit 2 el van de olie in een koekenpan en bak de plakken aubergine in ca. 4-5 minuten zacht en goudbruin, waarbij u ze één keer omdraait. Neem uit de pan. Verhit nog 1 el olie in de pan, en bak de ui en de knoflook 3-4 minuten, tot ze zacht en lichtbruin zijn.

3 Schik in een lage ronde ovenschaal met een diameter van 20 cm een laag tomaten, een laag aubergine en een laag uien, waarbij u elke laag met zout en peper en met tijm bestrooit. Ga door met de lagen tot alle groenten op zijn, en eindig met een laag tomaten. Sprenkel er de resterende olie over en bak 20 minuten in de oven. Bestrooi met Parmezaanse kaas en bak nog 5-10 minuten, tot het gerecht goudbruin is.

- 1 aubergine, in dunne plakken
- zout en zwarte peper
- 4 el olijfolie
- 1 ui, in dunne ringen
- 2 tenen knoflook, fijn gehakt
- 6 pruimtomaten (pomodori), in dunne plakjes
- 2 el vers gehakte tijm
- 3 el vers geraspte Parmezaanse kaas

Voor *4 personen* ***Bereidingstijd*** *20 min plus 30 min rusttijd*
Baktijd *40 min* ***Calorieën*** *185* ***Vet*** *14 g*

en tomaat

champignon maïsroulade

1 Verwarm de oven voor tot 200°C (stand 4-5). Maak de saus door de paprika 20 minuten te roosteren, vervolgens 10 minuten te laten afkoelen, dan het velletje te verwijderen en de paprika fijn te hakken. Giet zoveel kokend water over de tomaten dat ze onderstaan en laat 30 seconden rusten. Verwijder het velletje en de zaadjes en hak ze fijn. Meng de tomaten met de paprika, de yoghurt, koriander en zout en peper naar smaak.

2 Smelt 15 g boter in een pan en bak daarin de champignons 3-4 minuten. Voeg 15 g bloem toe, roer 1 minuut, en roer er van het vuur af in scheutjes de bouillon door. Zet weer op het vuur en laat al roerend 1-2 minuten zachtjes koken, tot de saus dik wordt. Voeg de maïs toe en houd warm. Vet een bakblik van 25 x 30 cm in en bekleed met bakpapier.

3 Smelt de resterende boter in een pan en voeg de rest van de bloem toe. Kook 1 minuut, neem dan van het vuur en roer er langzaam de melk door. Breng al roerend aan de kook. Laat iets afkoelen en klop er de eigelen door. Klop de eiwitten stijf en spatel ze door het eigeelmengsel. Doe over in het bakblik en bak in ca. 15 minuten goudbruin. Stort de roulade en verwijder voorzichtig het bakpapier. Verdeel er de vulling over en rol op. Serveer met de saus.

- 75 g boter, plus extra om in te vetten
- 125 g champignons, gehakt
- 75 g bloem
- 150 ml groentebouillon
- 125 g maïs uit blik of diepvries, afgegoten of ontdooid
- 175 ml melk
- 4 middelgrote eieren, gescheiden

Voor de pepersaus

- 1 rode paprika, zonder zaad en gehalveerd
- 2 tomaten
- 150 g Griekse yoghurt
- 1 el vers gehakte koriander
- zout en zwarte peper

Voor *4 personen* ***Bereidingstijd*** *30 min plus 10 min. afkoeltijd*
Kooktijd *45 min* ***Calorieën*** *364* ***Vet*** *25 g*

ovenschotel
met wortelgroenten

1 ui, in ringen
2 preien, in ringen
2 stengels bleekselderij, in stukjes
2 wortels, in dunne plakjes
1 rode paprika, zonder zaad en in stukjes
500 g gemengde wortelgroenten, zoals zoete aardappel, pastinaak en raapjes, in blokjes
175 g champignons, in plakjes
400 g gehakte tomaten
6 el droge cider
1 tl gedroogde tijm
1 tl gedroogde oregano
zwarte peper
verse kruiden, zoals basilicum en koriander, om te garneren

1 Verwarm de oven voor tot 175°C (stand 3-4). Doe de ui, de prei, bleekselderij, wortel, paprika, blokjes wortelgroente en champignons in een grote ovenschaal en meng goed door elkaar. Meng er de tomaten, de cider, tijm, oregano en zwarte peper door.

2 Dek af en bak 1-1¾ uur in het midden van de oven, tot de groenten gaar en zacht zijn, waarbij u het geheel een of twee keer omschept. Garneer met verse kruiden.

Voor *4 personen* ***Bereidingstijd*** *10 min* ***Kooktijd*** *1 uur en 15 min* ***Calorieën*** *154* ***Vet*** *2 g*

stortelli met gemengde geroosterde groenten

- 4 rijpe tomaten
- 1 kleine of ½ grote aubergine, in dikke plakken
- 1 courgette, in dikke plakken
- 1 rode of gele paprika, in vieren en zonder zaad
- 2 rode uien, in dikke ringen
- zout en zwarte peper
- 5 el olijfolie extra vierge
- 2 tenen knoflook, gehakt
- 24 blaadjes basilicum, in reepjes gescheurd
- 350 g spiraalpasta (stortelli)
- vers geraspte Parmezaanse kaas om te serveren

Voor *4 personen* **Bereidingstijd** *20 min*
Kooktijd *50 min* **Calorieën** *543* **Vet** *20 g*

1 Verwarm de oven voor tot 200°C (stand 4-5). Doe de tomaten in een kom en giet er kokend water over. Laat 30 seconden staan, verwijder dan het velletje en de zaadjes, en snijd de tomaten in dikke plakken.

2 Doe de tomaten, de aubergine, de courgette, de paprika en de uien in een lage braadslede. Breng op smaak met zout en peper en besprenkel met 2 el van de olie. Schud de braadslede voorzichtig om de groenten met de olie te bedekken. Bak 40 minuten of tot de groenten zacht en iets bruin zijn.

3 Meng de resterende olie met de knoflook en het basilicum. Kook de pasta in een grote pan gezouten water volgens de aanwijzingen op de verpakking beetgaar. Meng er het basilicummengsel door, schep op 4 voorverwarmde borden en leg er de geroosterde groenten op. Serveer met de Parmezaanse kaas er apart bij.

lasagne met spinazie,

1 Verwarm de oven voor tot 200°C (stand 4-5). Was de spinazie en doe met aanhangend water in een pan. Dek de pan af en laat de spinazie in ca. 5 minuten slinken. Giet af, spoel af onder koud stromend water en knijp het overtollige vocht eruit. Hak de spinazie fijn. Kook de lasagne in een grote pan gezouten water beetgaar, giet af en dep droog met keukenpapier.

2 Vet een ovenschaal van 30 x 20 cm in met een beetje van de gesmolten boter. Meng in een kom de spinazie, fontina of gruyère, Parmezaanse kaas, ricotta, crème fraîche, nootmuskaat, en zout en peper door elkaar.

3 Bekleed de bodem van de ovenschaal met een laag lasagnevellen en verdeel daar 3 el van het spinaziemengsel over. Herhaal dit met de rest van de lasagne, maar maak niet meer dan 6 lagen. Eindig met het spinaziemengsel. Verdeel er de resterende gesmolten boter over en bak in ca. 20-30 minuten goudbruin in de oven.

- 450 g verse spinazie
- 175 g lasagnevellen
- zout en zwarte peper
- 50 g boter, gesmolten
- 40 g fontina of gruyère, grof geraspt
- 40 g Parmezaanse kaas, vers geraspt
- 250 g ricotta
- 150 ml crème fraîche
- vers geraspte nootmuskaat

Voor *4 personen*
Bereidingstijd *20 min*
Baktijd *40 min*
Calorieën *596*
Vet *41 g*

ricotta en fontina

moussaka
van bonen,

linzen en aubergine

1 Voeg de linzen toe aan een pan kokend water, dek af en kook in ca. 30 minuten op laag vuur gaar. Giet af, spoel af, giet nogmaals af en zet terzijde.

2 Verwarm de oven voor op 175°C (stand 3-4). Kook intussen de plakken aubergine 2 minuten in een pan water. Giet af, dep droog met keukenpapier en zet terzijde.

3 Verhit de olie in een koekenpan, voeg de prei, bleekselderij, knoflook en paprika toe en bak in ca. 5 minuten iets zacht. Voeg de gekookte linzen, de tomaten, wijn, tomatenpuree, bonen, gemengde kruiden en zwarte peper naar smaak toe. Dek de pan af en breng aan de kook. Kook de groenten in ca. 10 minuten zacht.

4 Schep de helft van het bonen-linzenmengsel in een lage ovenschaal en leg de helft van de plakken aubergine er in één laag op. Herhaal dit. Meng de yoghurt en de eieren door elkaar en schenk erover. Bestrooi met de Parmezaanse kaas. Bak in ca. 40 minuten goudbruin in de oven. Garneer met de verse kruiden.

Voor *4 personen* ***Bereidingstijd*** *30 min*
Baktijd *1 uur en 20 min*
Calorieën *370* ***Vet*** *13 g*

- 75 g groene linzen, afgespoeld en afgegoten
- 1 aubergine, in dunne plakken
- 2 el olijfolie
- 2 preien, in ringen
- 2 stengels bleekselderij, in stukjes
- 2 tenen knoflook, uitgeknepen
- 1 gele paprika, zonder zaad en in blokjes
- blikje (400 g) tomatenblokjes
- 5 el droge witte wijn
- 2 el tomatenpuree
- 400 g gare zwarteogenbonen
- 2 tl gemengde gedroogde kruiden
- zwarte peper
- 300 ml magere yoghurt
- 2 middelgrote eieren
- 25 g Parmezaanse kaas, fijn geraspt
- verse kruiden, zoals basilicum, om te garneren

Marokkaanse stoofpot met aardappel en citroen

- 3 el olijfolie
- 2 uien, in ringen
- 3 tenen knoflook, fijn gehakt
- 2 rode chilipepers, fijn gehakt
- 1 tl komijnpoeder
- 1 tl korianderpoeder
- 900 g vastkokende aardappels, in plakken van 5 mm
- geraspte schil van 1 citroen en sap van 1 of 2 citroenen
- 900 ml
- groentebouillon
- zout en zwarte peper
- 4 el zure room om te serveren
- 3 el vers gehakte peterselie om te garneren

1 Verwarm de oven voor tot 200°C (stand 4-5). Verhit de olie in een stoofpan. Voeg uien, knoflook, chilipeper, komijn- en korianderpoeder toe en bak 1-2 minuten op laag vuur om de smaken te laten vrijkomen.

2 Meng er de aardappels en citroenschil en -sap naar smaak door en voeg de bouillon en zout en peper toe. Breng het geheel aan de kook en doe over in een ovenvaste schaal. Dek af en stoof 40 minuten in de oven of totdat de groenten gaar zijn en het vocht gedeeltelijk is verdampt.

3 Doe over op borden en schep op elk portie een lepel zure room. Bestrooi met de verse peterselie.

Voor *4 personen* **Bereidingstijd** *20 min* **Baktijd** *45 min* **Calorieën** *386* **Vet** *1*

pasta primavera

- 50 g boter
- 225 g gladbladige spinazie
- 500 g verse erwten (gewogen zonder peulen)
- 500 g tuinbonen (gewogen zonder peulen)
- zout en zwarte peper
- 4 el crème fraîche
- 1 bosje lente-uitjes, fijn gehakt
- 2 el fijn gehakte verse peterselie
- 75 g Parmezaanse kaas, geraspt
- 350 g penne (pijppasta)

1 Smelt de boter in een pan, voeg de spinazie toe en laat in ca. 5 minuten met een deksel op de pan slinken. Zet terzijde om af te koelen. Kook de erwten en de bonen in een klein laagje gezouten water 5 minuten of tot ze gaar zijn, en giet af.

2 Meng de spinazie en de crème fraîche in een foodprocessor of met een staafmixer tot een puree. Doe de puree terug in de pan en meng er de erwten en de bonen door. Meng er dan de lente-uitjes en de peterselie door en breng op smaak met zout en peper en de helft van de Parmezaanse kaas. Houd op laag vuur warm.

3 Kook intussen de pasta in water waaraan wat zout is toegevoegd volgens de aanwijzingen op de verpakking beetgaar. Giet af en meng er de spinazieaus door. Serveer met de resterende Parmezaanse kaas.

or *4 personen* **Bereidingstijd** *25 min* **Kooktijd** *20 min* **Calorieën** *612* **Vet** *25 g*

tortilla

met maïs en

zongedroogde tomaatjes

- 225 g aardappels, in dikke plakken
- 3 el olijfolie
- 3 el maïs uit blik, afgegoten
- 4 zongedroogde tomaatjes, afgegoten en gehakt
- 2 el vers gehakte peterselie
- 6 middelgrote eieren, geklopt
- zout en verse peper

1 Kook de plakjes aardappel 10 minuten, en laat ze iets afkoelen. Verhit de olie in een grote koekenpan met dikke bodem en bak hierin de plakjes aardappel in ca. 2-3 minuten op hoog vuur bruin en knapperig. Temper het vuur, meng er de maïs en de tomaten door en verwarm nog 1-2 minuten.

2 Verhit de grill voor op de middelhoge stand. Voeg de peterselie toe aan de geklopte eieren, voeg zout en peper naar smaak toe en schenk over de groenten in de koekenpan. Bak 3-4 minuten bij laag vuur, tot de onderkant van de omelet gestold en lichtbruin is.

3 Doe de omelet met de rauwe kant boven over in een lage ovenschaal en zet deze 1-2 minuten onder de grill om de bovenkant te laten stollen en goudbruin te laten worden. Laat iets afkoelen en snijd dan in vieren. Serveer met een salade.

Opmerking: Voor deze omelet met een Spaans tintje kunt u groenten en kruiden naar wens gebruiken, maar zorg er altijd voor dat de aardappel knapperig en goudbruin is voordat u de eieren toevoegt.

Voor *4 personen* **Bereidingstijd** *15 min* **Baktijd** *20 min*
Calorieën *324* **Vet** *23 g*

spinazie soufflé

- 450 g verse spinazie
- 30 g margarine, plus extra om in te vetten
- 1 el fijn geraspte Parmezaanse kaas
- 30 g bloem
- 250 ml halfvolle melk
- 4 middelgrote eieren, geel en wit gescheiden, plus 1 extra eiwit
- 100 g belegen cheddar, fijn geraspt
- zwarte peper
- grote snuf gemalen nootmuskaat

1 Was de spinazie, verwijder harde steeltjes en doe in een grote pan. Leg een deksel op de pan en kook 4-5 minuten bij laag vuur, tot de spinazie is geslonken. Giet af en knijp er overtollig water uit. Hak grof en zet terzijde.

2 Verwarm de oven voor tot 200°C (stand 4-5). Vet een soufflévorm met een diameter van 18 cm in, bestrooi met Parmezaanse kaas en zet terzijde. Verwarm op laag vuur de margarine, bloem en melk in een pan, waarbij u voortdurend klopt, tot de saus kookt. Laat onder voortdurend roeren 3 minuten zachtjes koken. Doe over in een grote kom, voeg de spinazie toe en meng goed door elkaar. Klop er met beetjes tegelijk de eigelen en 75 g van de cheddar door, en voeg dan zout en peper naar smaak en de nootmuskaat toe. Klop de eiwitten in een schone, droge kom stijf (dit gaat het best met een elektrische mixer) en spatel door het spinaziemengsel.

3 Schep het mengsel in de voorbereide vorm en bestrooi met de resterende cheddar. Bak 30 minuten of tot de soufflé goed gerezen en stevig is.

Voor *4 personen*
Bereidingstijd *3 min*
Baktijd *40 min*
Calorieën *284*
Vet *18 g*

aardappel kaaspie met ui

10 plakjes bladerdeeg, ontdooid
450 g vastkokende aardappels, in heel dunne plakjes
1 kleine ui, in heel dunne ringen
100 g harde, pittige kaas, fijn geraspt
zout en zwarte peper
150 ml slagroom

Voor *4 personen* **Bereidingstijd** *30 min plus 10 min. afkoeltijd* **Kooktijd** *1 uur + 15 min* **Calorieën** *910* **Vet** *62 g*

1 Verwarm de oven voor tot 175°C (stand 3-4). Bekleed met 6 plakjes bladerdeeg een vlaaivorm met een diameter van 23 cm. Schik de aardappels in één laag over de bodem en verdeel daarover een laag ui en de kaas; bestrooi elke laag flink met zout en peper. Schenk er de slagroom over.

2 Leg de resterende plakjes bladerdeeg op een licht bebloemd werkoppervlak twee aan twee zodat ze een vierkant vormen en plak de randen met een beetje water aan elkaar. Rol het vierkant met een licht met bloem bestoven deegroller iets uit om het groter te maken. Snijd het vierkant bij in de vorm van een cirkel en leg dit op de pie. Druk de randen aan elkaar vast.

3 Bak 1-1¾ uur, tot de aardappel en de ui zacht zijn. Laat 10 minuten staan alvorens te serveren, zodat de kaas iets afkoelt.

curry van wortelgroenten

1 Verhit de olie in een grote pan. Bak hierin de ui, chilipeper, knoflook en gember in ca. 5 minuten zacht, waarbij u geregeld roert. Meng er de bloem, koriander- en komijnpoeder en kurkuma door en kook onder voortdurend roeren ca. 1 minuut op laag vuur, zodat de smaken zich kunnen ontwikkelen.

2 Roer er in scheutjes de bouillon door, voeg de gezeefde tomaten, de blokjes wortelgroenten en de plakjes wortel toe, breng op smaak met zout en peper en meng goed door elkaar.

3 Breng al roerend aan de kook, dek de pan af, temper het vuur en laat 45 minuten zachtjes koken of tot de groenten gaar zijn, waarbij u af en toe roert. Garneer met de verse koriander.

Opmerking: Deze pittige curry van wortelgroenten is gebaseerd op een traditioneel Marokkaans gerecht. Probeer deze curry in plaats van met gekookte rijst dus eens te serveren met couscous.

- 1 el olijfolie
- 1 ui, gehakt
- 1 groene chilipeper, zonder zaad en fijn gehakt
- 1 teen knoflook, fijn gehakt
- 2½ cm verse gemberwortel, geraspt
- 2 el bloem
- 2 tl korianderpoeder
- 2 el komijnpoeder
- 2 el kurkuma (geelwortel)
- 300 ml groentebouillon
- 200 ml gezeefde tomaten
- 750 g gemengde groenten, zoals aardappel, zoete aardappel, knolselderij en koolrabi, in blokjes
- 2 wortels, in dunne plakjes
- zwarte peper
- vers gehakte koriander, om te garneren

Voor 4 personen **Bereidingstijd** 20 min **Kooktijd** 55 min
Calorieën 219 **Vet** 4 g

maten en gewichten

Metriek	Lepel
2,5 ml	1/2 tl
5 ml	1 tl
15 ml	1 el

oventemperaturen

°C	Gasstand
125	1
150	2
175	3-4
200	4-5
225	5-6
250	6-7
275	7-8

index

Aardappel-kaaspie met ui 43

Bruschetta met trostomaat en geitenkaas 8

Champignon-maïsroulade 31

Chilitaartjes met rode ui 13

Courgetterondjes met rode-paprikapuree 20

Curry van wortelgroenten 44

Erwten-muntsoep 9

Gemengde salade met bieten en peer 21

Groentebhaji's 14

Lasagne met spinazie, ricotta en fontina 34

Marokkaanse stoofpot met aardappel en citroen 38

Moussaka van bonen, linzen en aubergine 37

Ovenschotel met wortelgroenten 32

Ovenschotel van aubergine en tomaat 28

Paprikaterrine met basilicumvinaigrette 10

Pasta primavera 39

Rijstsalade met drie soorten bonen 18

Salade met avocado en pinda's 16

Siciliaanse bloemkoolsalade 17

Spinaziesoep met zoete aardappel en kokos 6

Spinaziesoufflé 42

Stortelli met gemengde geroosterde groenten 33

Tomaten-broodsalade met pestodressing 22

Tortilla met maïs en zongedroogde tomaatjes 41

Warme spinaziesalade met walnoten 24

Waterkersroulade met Parmezaanse kaas 12

Zomertabouleh 26

De serie Quick & Tasty bestaat uit de volgende delen:

Barbecue
Brood
Chocolade
Desserts
Finger food
Fruit
Fun food
Garnalen
Groenten
Hamburger
IJs
Kipgerechten
Lamsvlees
Muffins
Pastagerechten
Roerbakgerechten
Rundvlees
Stoofschotels
Sushi
Varkensvlees
Vegetarische gerechten
Vetarme gerechten
Vleesgerechten
Zeevruchten

www.rebo-publishers.com info@rebo-publishers.com
2e druk 2003
Vertaling: Concorde Vertalingen BV

ISBN 90 396 1531 4